박용호 쉐프의
밥보다 샌드위치
47가지 레시피

식빵을 이용한 샌드위치
건강빵을 이용한 샌드위치
다양한 빵을 이용한 샌드위치
다양한 재료로 만든 피자

CONTENTS

CHAPTER 1 SANDWICH
식빵을 이용한 샌드위치

- 06 클럽 야채 샌드위치
- 08 BLT 샌드위치
- 10 햄 에그 도시락 샌드위치
- 12 트리플 롤 샌드위치
- 14 그린 웰빙 샌드위치
- 16 크래미 샌드위치
- 18 에그 앤 베이컨 샌드위치
- 20 에그 튜나 샌드위치
- 22 호밀 스파이시 치킨 샌드위치
- 24 돈카츠 샌드위치
- 26 단호박 샐러드 샌드위치
- 28 양배추 토스트
- 30 카야잼 샌드위치

CHAPTER 2 SANDWICH
건강빵을 이용한 샌드위치

- 효모종 떡갈비 샌드위치 34
- 단호박 쉬림프 샌드위치 36
- 홍국 해쉬감자 샌드위치 38
- 스페셜 머슈룸 샌드위치 40
- 보스턴 리코타치즈 핫도그 42
- 치즈 불고기 치아바타 핫도그 44
- 오트밀 파스트라미 샌드위치 46
- 비프 올리브 치아바타 48
- 치킨 커틀렛 샌드위치 50
- 크랜베리 호두 튜나 샌드위치 52
- 커리 닭가슴살 샌드위치 54

**박용호 쉐프의 밥보다 샌드위치
47가지 레시피**

CHAPTER 3 SANDWICH
다양한 빵을 이용한 샌드위치

- 58 모닝 후르츠 미니 버거
- 60 잠봉 뵈르
- 62 핫치킨 감자빵 퐁듀
- 64 크림치즈 크로플 스트로베리
- 66 칠면조 베이글
- 68 하와이안 치즈 불고기 버거
- 70 쉬림프 버거
- 72 토마토 스크램블 크로아상
- 74 루꼴라 카프리제
- 76 베이컨 마늘 바게트
- 78 호두 베이글 살라미 샌드위치
- 80 크로아상 게살 샌드위치
- 82 프렌치 토스트
- 84 닭가슴살 롤 샌드위치
- 86 명란 감자 샐러드 샌드위치
- 88 미니 크로아상 샌드위치
- 90 칠리 새싹 버거

CHAPTER 4 PIZZA
다양한 재료로 만든 피자

- 고르곤졸라 피자 94
- 마르게리타 피자 96
- 루꼴라 피자 98
- 시금치 피자 100
- 직화 스테이크 피자 102
- 쉬림프 피자 104

CHAPTER 1
SANDWICH

식빵을 이용한 샌드위치

우유 식빵, 잡곡 식빵, 호밀 식빵을
이용해 만든 다양한 샌드위치

우유 식빵으로 만든 샌드위치

CHAPTER 1 SANDWICH
식빵을 이용한 샌드위치

클럽 야채 샌드위치

재료 · 분량

- 우유 식빵 4장
- 허니 소스 적당량
- 양상추 조금
- 슬라이스 피클 2개
- 슬라이스 치즈 1장
- 채썬 당근 적당량
- 케찹 적당량
- 슬라이스 오이 2개
- 슬라이스 햄 1장
- 적양배추 적당량
- 계란속 적당량

만드는 과정

1 우유 식빵 테두리를 정리하고 한쪽 면마다 허니 소스를 바른다.

2 우유 식빵 하나에 양상추, 슬라이스 피클, 슬라이스 치즈, 채썬 당근 순으로 올리고 케찹을 뿌린 후 위에 *계란속을 올린다.

3 ② 위에 우유 식빵을 덮는다.

4 다른 우유 식빵에 양상추, 슬라이스 오이, 슬라이스 햄, 적양배추 순으로 올리고 케찹을 뿌린 후 위에 계란속을 올린다.

5 ④ 위에 우유 식빵을 덮는다.

6 ③과 ⑤를 포개어 자르고 마무리한다.

● **계란속 만들기**

삶은 계란 2개, 맛살 2개, 오이 적당량, 당근 적당량, 소금, 후추, 마요네즈

1 삶은 계란은 체로 내리고 다진 맛살, 오이, 당근을 넣고 섞어준다.
2 ①에 소금. 후추로 간하고 마요네즈를 넣어 골고루 버무린다.

우유 식빵 만들기

재료
강력분 1,000g 설탕 125g 소금 20g 버터 125g 드라이 이스트 15g
계란 1개 물 560g 르방 588g

만드는 법
1 버터와 르방을 제외한 전 재료를 넣고 저속으로 2분간 믹싱한다.
2 재료가 섞이면 르방을 넣고 중속으로 5분간 믹싱하다가 마지막으로 버터를 투입해 중속으로 6분간 믹싱 후 반죽 상태를 확인하고 마무리한다. (반죽온도 26℃)
3 믹싱된 반죽은 전용 빵 박스에 적당한 간격으로 담아 실온(온도 27℃ / 습도 70%)에서 50분간 1차 발효시킨다.
4 발효된 상태를 잘 확인 후 240g씩 분할해서 20분 정도 중간 발효시킨다.
5 밀대를 사용해 가스를 뺀 후 3절 접기하여 잘 말아준 다음 식빵용 틀에 4개씩 팬닝한다.
6 발효실(온도 38℃ / 습도 75%)에서 50분간 2차 발효 후 뚜껑을 덮어 예열된 오븐 190℃/200℃에서 50분간 굽는다.

우유 식빵으로 만든 샌드위치

CHAPTER 1 SANDWICH
식빵을 이용한 샌드위치

BLT 샌드위치

재료 · 분량

- 우유 식빵 2장
- 버터 적당량
- 허니 소스 적당량
- 로메인 2장
- 베이컨 3장
- 슬라이스 토마토 2개
- 양상추 큰 잎 한장
- 타르타르 소스 적당량

만드는 과정

1 우유 식빵 한쪽 면에 버터를 바르고 노릇하게 굽는다.

2 우유 식빵 하나에 허니 소스를 바르고 로메인, 잘 구운 베이컨을 올린다.

3 ② 위에 슬라이스한 토마토, 양상추를 두툼하게 올린다.

4 다른 우유 식빵 하나에 ＊타르타르 소스를 바르고 덮은 다음 잘라서 마무리한다.

● 타르타르 소스 만들기
마요네즈 9 : 피클 3 : 양파찹 3에 통후추를 넣고 섞어준다.

▶ 우유 식빵 만들기는 07p 참조

| BLT
B : Bacon(베이컨), L : Lettuce(양상추), T : Tomato(토마토)를 넣어 만든 미국의 대표적인 Sandwich이다.

잡곡 식빵과 우유 식빵으로 만든 샌드위치

CHAPTER 1 SANDWICH
식빵을 이용한 샌드위치

햄 에그 도시락 샌드위치

재료 · 분량

- 우유 식빵 2장
- 잡곡 식빵 2장
- 허니 소스 적당량
- 양상추 조금
- 슬라이스 피클 4개
- 슬라이스 오이 6개
- 계란속 적당량
- 케찹 적당량
- 슬라이스 햄 6장

만드는 과정

1 우유 식빵과 잡곡 식빵은 테두리를 정리하고 한쪽 면마다 허니 소스를 바른다.

2 각각의 식빵에 양상추, 슬라이스 피클, 슬라이스 오이, 잘 버무린 *계란속을 올린다.

3 ②에 케찹을 짜고, 잘 구운 슬라이스 햄 3장을 반으로 접어 올린 다음 허니 소스를 바른 각각의 식빵을 올린다.

4 3등분하여 마무리 포장한다.

● 계란속 만들기

삶은 계란 2~3개, 소금, 후추, 마요네즈

삶은 계란을 체에 내려 소금, 후추로 간하고 마요네즈로 버무린다.

▶ 우유 식빵 만들기는 07p 참조

잡곡 식빵 만들기

재료

강력분 800g 크라프트콘 160g 설탕 100g 소금 10g 버터 120g
드라이 이스트 20g 계란 4개 물 360g 르방 200g

만드는 법
1 버터와 르방을 제외한 전 재료를 넣고 저속으로 2분간 믹싱한다.
2 재료가 섞이면 르방을 넣고 중속으로 5분간 믹싱한다.
3 온도 27℃ / 습도 70%에서 50분간 1차 발효 후 240g씩 분할해 30분간 중간 발효시킨다.
4 밀대로 밀어 가스를 뺀 후 반죽을 3절 접기하여 말아준 후 식빵용 틀에 4개씩 팬닝한다.
5 온도 38℃ / 습도 75%에서 50분간 2차 발효 후 뚜껑을 덮는다.
6 예열된 오븐 190℃/200℃에서 50분간 구워준다.

우유 식빵으로 만든 샌드위치

CHAPTER 1 SANDWICH
식빵을 이용한 샌드위치

트리플 롤 샌드위치

재료 · 분량

- 우유 식빵 3장
- 마요네즈 적당량
- 슬라이스 햄 2장
- 슬라이스 당근 적당량
- 슬라이스 치즈 2장
- 계란속 적당량

만드는 과정

1 우유 식빵 테두리를 정리하고 한쪽 면마다 마요네즈를 바른다.

2 각 우유 식빵에 잘 구운 슬라이스 햄 1/2장, 슬라이스 당근, 슬라이스 치즈 1/2장을 올린다.

3 ②에 ＊계란속을 올리고 보기 좋게 돌돌 말아 마무리한다.

● **계란속 만들기**

삶은 계란 3개, 양파찹 적당량, 피망찹 적당량, 피클찹 적당량, 약간의 설탕, 소금, 후추, 마요네즈

1 슬라이스기로 내린 삶은 계란에 적당량의 양파, 피망, 피클을 다져서 넣는다.
2 ①을 설탕, 소금, 후추로 간하고 마요네즈로 버무린다.

▶ 우유 식빵 만들기는 07p 참조

잡곡 식빵으로 만든 샌드위치

CHAPTER 1 SANDWICH
식빵을 이용한 샌드위치

그린 웰빙 샌드위치

재료 · 분량

- 잡곡 식빵 2장
- 허니 소스 적당량
- 로메인 2장
- 슬라이스 햄 2장
- 슬라이스 치즈 1장
- 슬라이스 오이 3개
- 슬라이스 사과 1개
- 슬라이스 토마토 1개
- 양상추 큰 잎 1장

만드는 과정

1 잡곡 식빵 한 면마다 허니 소스를 바른다.

2 ①에 로메인, 잘 구운 슬라이스 햄, 슬라이스 치즈, 슬라이스 햄 순으로 올린다.

3 ②에 슬라이스 오이, 슬라이스 사과, 슬라이스 토마토를 올린다.

4 ③에 양상추를 두툼하게 올리고 마무리한다.

▶ 잡곡 식빵 만들기는 11p 참조

잡곡 식빵과 우유 식빵으로 만든 샌드위치

크래미 샌드위치

재료 · 분량

- 우유 식빵 1장
- 잡곡 식빵 1장
- 허니 소스 적당량
- 로메인 2장
- 슬라이스 토마토 1개
- 크래미속 적당량
- 슬라이스 오이 2개
- 양상추 큰 잎 1장
- 사우전 소스 적당량

만드는 과정

1 우유 식빵과 잡곡 식빵의 테두리를 정리하고 우유 식빵에 허니 소스를 바른다.

2 우유 식빵에 로메인, 슬라이스 토마토, ＊크래미속, 슬라이스 오이, 양상추를 두툼하게 올린다.

3 ② 위에 사우전 소스를 바른 잡곡 식빵을 덮는다.

● **크래미속 만들기**
크래미 3개, 사과찹 적당량, 피클찹 적당량, ＊허니마요

잘게 찢은 크래미에 다진 사과, 피클을 섞은 후 허니마요를 넣고 골고루 버무려준다.

● **허니마요 만들기**
허니 머스타드 2 : 마요네즈 1에 후추로 간하고 골고루 섞어준다.

▶ 우유 식빵 만들기는 07p 참조
▶ 잡곡 식빵 만들기는 11p 참조

우유 식빵으로 만든 샌드위치

에그 앤 베이컨 샌드위치

재료 · 분량

- 우유 식빵 4장
- 허니 소스 적당량
- 타르타르 소스 적당량
- 로메인 4장
- 채썬 적양배추 적당량
- 케찹 적당량
- 삶은 계란 2개
- 홀그레인 소스 적당량
- 슬라이스 햄 1장
- 베이컨 3장
- 슬라이스 토마토 1개
- 후라이드 계란 1개
- 양상추 큰 잎 1장

만드는 과정

1 우유 식빵 3장엔 허니 소스를 바르고 1장엔 타르타르 소스를 바른다.

2 허니 소스를 바른 우유 식빵에 로메인 2장, 채썬 적양배추를 올리고 케찹을 듬뿍 뿌려준다.

3 삶은 계란에 *홀그레인 소스를 넣고 버무린 것을 ②에 올리고 슬라이스 햄을 올린 뒤 우유 식빵으로 덮는다.

4 허니 소스를 바른 우유 식빵에 로메인 2장, 잘 구운 베이컨, 슬라이스 토마토를 올린다.

5 ④에 후라이드 계란, 양상추를 두툼하게 올리고 타르타르 소스를 바른 우유식빵으로 덮는다.

● 홀그레인 소스 만들기
마요네즈 40g, 꿀 10g, 씨겨자 7g에 통후추를 넣고 섞어준다.

▶ 우유 식빵 만들기는 07p 참조

호밀 식빵으로 만든 샌드위치

CHAPTER 1 SANDWICH
식빵을 이용한 샌드위치

에그 튜나 샌드위치

재료 · 분량

- 호밀 식빵 2장
- 허니 소스 적당량
- 양상추 큰 잎 1장
- 로메인 2장
- 슬라이스 치즈 1장
- 채썬 당근 적당량
- 슬라이스 피클 2개
- 참치속 적당량
- 후라이드 계란 1개

만드는 과정

1 호밀 식빵에 허니 소스를 바른다.

2 ①에 양상추, 로메인, 슬라이스 치즈를 올린다.

3 ②에 채썬 당근, 슬라이스 피클, *참치속 한스푼, 후라이드 계란을 올린다.

4 ③ 위에 호밀 식빵을 덮는다.

● 참치속 만들기
참치캔 1개, 후추, 마요네즈

기름을 뺀 참치에 후추로 간하고 마요네즈를 넣어 골고루 버무려 준다.

호밀 식빵 만들기

재료
강력분 630g 호밀가루 320g 설탕 100g 소금 10g 버터 120g
드라이 이스트 20g 계란 4개 물 360g 르방 200g

만드는 법
1 버터와 르방을 제외한 전 재료를 넣고 저속으로 2분간 믹싱한다.
2 재료가 섞이면 르방을 넣고 중속으로 5분간 믹싱한다.
3 온도 27℃ / 습도 70%에서 50분간 1차 발효 후 250g씩 분할하여 30분 정도 중간 발효시킨다.
4 밀대로 밀어 가스를 뺀 후 반죽을 3절 접기하여 말아준 후 식빵용 틀에 4개씩 팬닝한다.
5 온도 38℃ / 습도 75%에서 50분간 2차 발효 후 뚜껑을 덮는다.
6 예열된 오븐 190℃/200℃에서 50분간 구워준다.

호밀 식빵으로 만든 샌드위치

호밀 스파이시 치킨 샌드위치

재료 · 분량

- 호밀 식빵 2장
- 머스타드 소스 적당량
- 슬라이스 치즈 1장
- 양념된 스파이시 치킨 적당량
- 슬라이스 파인애플 1개
- 채썬 적양배추 적당량
- 양상추 큰 잎 1장
- 로메인 2장

만드는 과정

1 호밀 식빵에 *머스타드 소스를 바른다.

2 ①에 슬라이스 치즈, *양념된 스파이시 치킨을 올린다.

3 ②에 슬라이스 파인애플, 채썬 적양배추, 양상추, 로메인을 올린다.

4 ③ 위에 호밀 식빵을 덮는다.

● 스파이시 치킨 만들기

닭가슴살 한조각, 매운 치킨 소스 30g, 칠리 소스 35g, 고춧가루 4g, 설탕 6g, 고추장 10g, 후추 적당량

1 오븐에 구운 닭가슴살을 잘게 찢어준다.
2 ①에 매운 치킨 소스, 칠리 소스, 고춧가루, 설탕, 고추장, 후추를 넣고 골고루 섞는다.

● 머스타드 소스 만들기

마요네즈 1 : 겨자소스 1의 비율로 골고루 섞어준다.

▶ 호밀 식빵 만들기는 21p 참조

우유 식빵으로 만든 샌드위치

CHAPTER 1 SANDWICH
식빵을 이용한 샌드위치

돈카츠 샌드위치

재료 · 분량

- 우유 식빵 2장
- 타르타르 소스 적당량
- 채썬 양배추 적당량
- 채썬 당근 적당량
- 허니 소스 적당량
- 돈카츠 500g
- 돈카츠 소스 적당량
- 치커리 적당량

만드는 과정

1 그릴에 구운 우유 식빵 2장에 타르타르 소스를 바른다.

2 채썬 양배추와 채썬 당근을 잘 섞어 ①에 올린다.

3 ②에 허니 소스를 뿌리고 바삭하게 잘 튀긴 *돈카츠를 올린다.

4 ③에 *돈카츠 소스를 뿌린 다음 치커리를 올리고 우유 식빵을 덮는다.

● 돈카츠 만들기
돈카츠용 등심 500g, 소금, 후추, 청주, 밀가루, 계란 2개, 빵가루

1 돈카츠용 등심에 소금, 후추, 청주로 밑간을 하고 재어둔다.
2 ①을 밀가루, 계란, 빵가루 순서대로 튀김옷을 입혀준다.
3 ②를 튀김온도 180°C에서 바삭하게 튀긴다.

● 돈카츠 소스 만들기
버터 1 : 밀가루 1 : 우스타 소스 2 : 설탕 2 : 케찹 2에 물 150ml을 넣고 끓인다.

▶ 우유 식빵 만들기는 07p 참조

우유 식빵과 호밀 식빵으로 만든 샌드위치

CHAPTER 1 SANDWICH
식빵을 이용한 샌드위치

단호박 샐러드 샌드위치

재료 · 분량

- 우유 식빵 2장
- 호밀 식빵 1장
- 허니 소스 적당량
- 양상추 큰 잎 1장
- 슬라이스 햄 1장
- 슬라이스 토마토 1개
- 로메인 2장
- 삶은 계란 1개
- 단호박 샐러드 적당량

만드는 과정

1 우유 식빵에 허니 소스를 바른다.

2 ①에 양상추, 슬라이스 햄, 슬라이스 토마토, 로메인을 올린다.

3 ②에 허니 소스를 바른 우유 식빵을 덮고 삶은 계란을 슬라이스하여 올린다.

4 ③에 ✽단호박 샐러드를 한스푼 올리고 허니 소스를 바른 호밀 식빵을 덮는다.

● **단호박 샐러드 만들기**

단호박, 당근, 소금, 후추, 마요네즈

1 단호박은 반으로 자르고 씨를 파내어 전자레인지에서 익힌 후 껍질째 으깬다.
2 당근은 깍둑썰기하고 삶는다.
3 ①에 ②를 넣어 소금, 후추로 간하고 마요네즈를 넣고 골고루 버무린다.

▶ 우유 식빵 만들기는 07p 참조
▶ 호밀 식빵 만들기는 21p 참조

우유 식빵으로 만든 샌드위치

CHAPTER 1 SANDWICH
식빵을 이용한 샌드위치

양배추 토스트

재료 · 분량

- 우유 식빵 3장
- 버터 적당량
- 채썬 양배추 적당량
- 채썬 당근 적당량
- 옥수수캔 적당량
- 계란 2개
- 소금 소량
- 후추 소량
- 허니 소스 적당량
- 케찹 적당량
- 딸기잼 적당량

만드는 과정

1 우유 식빵에 버터를 발라서 굽는다.

2 채썬 양배추와 채썬 당근을 준비하고 옥수수캔은 체에 걸러 국물을 빼준다.

3 ②에 계란을 풀어 넣고 소금, 후추로 간하여 골고루 섞은 후 식빵 크기로 모양을 잡아 2개를 굽는다.

4 잘 구운 우유 식빵 위에 ③을 한개 올리고 허니 소스와 케찹을 뿌린 후 우유식빵을 덮는다.

5 ④위에 남은 ②를 올리고 우유 식빵 한쪽 면에 딸기잼을 발라 덮는다.

▶ 우유 식빵 만들기는 07p 참조

우유 식빵으로 만든 샌드위치

CHAPTER 1 SANDWICH
식빵을 이용한 샌드위치

카야잼 샌드위치

재료 · 분량

- 우유 식빵 2장
- 버터 적당량
- 카야잼 적당량
- 무염버터 적당량
- 후라이드 계란 1개

만드는 과정

1 버터를 바른 우유 식빵을 그릴에 바싹 굽는다.

2 달콤한 카야잼을 ①에 바르고 무염버터를 크기에 알맞게 잘라 올린다.

3 노른자가 살아있게 후라이드 계란을 하고 파슬리를 뿌려 마무리한다.

▶ 우유 식빵 만들기는 07p 참조

카야잼
'계란의 달콤한 맛' 이라는 뜻인 카야.
카야잼은 싱가포르의 대표적인 잼으로 코코넛과 달걀, 판단잎(허브)을 첨가하여 만들며,
카야잼을 바른 토스트는 싱가포르의 대표적인 아침메뉴이다.

CHAPTER 2
SANDWICH

건강빵을 이용한 샌드위치

통밀빵, 단호박 치아바타, 홍국 치아바타, 컨츄리 브레드,
플레인 치아바타, 체다치즈 치아바타, 멀티씨리얼빵, 올리브 치아바타,
크랜베리 쌀빵, 시금치 치아바타를 이용해 만든 다양한 샌드위치

통밀빵으로 만든 샌드위치

CHAPTER 2 SANDWICH
건강빵을 이용한 샌드위치

효모종 떡갈비 샌드위치

재료 · 분량

- 통밀빵
- 허니 소스 적당량
- 양상추 조금
- 치커리 조금
- 슬라이스 양파
- 마요네즈 적당량
- 작은 토마토 1개
- 슬라이스 치즈 2장
- 떡갈비 2장
- 슬라이스 파인애플 1개
- 타르타르 소스 적당량

만드는 과정

1 통밀빵을 준비하여 먹기 좋게 자르고 허니 소스를 바른다.

2 ①에 양상추, 치커리, 슬라이스 양파를 올리고 마요네즈를 짜준다.

3 ②에 슬라이스 토마토를 반으로 잘라 올리고 슬라이스 치즈 1/2장, 브라운 소스를 바른 떡갈비 1/2장, 슬라이스 파인애플도 반으로 잘라 올린다.

4 ③에 *타르타르 소스를 바른 통밀빵을 덮는다.

● 타르타르 소스 만들기
마요네즈 3 : 피클찹 1 : 양파찹 1에 후추로 간하고 골고루 섞어준다.

통밀빵 만들기

재료
강력분 847g 통밀가루 346g 쇼트닝 52g 설탕 84g 소금 34g 드라이 이스트 14g
물 825g 르방(기계종) 847g 건포도 700g 호두분태 270g

만드는 법
1 충전물을 제외한 전 재료를 저속으로 5분, 중속으로 10분간 믹싱 후 반죽 상태를 확인해 손에 달라붙지 않고 균일한 막을 형성할 때 충전물(전처리한 건포도와 호두분태)을 넣고 가볍게 믹싱한다. (반죽온도 26℃)
2 1차 발효 30분 후 상, 하, 좌, 우로 1차 펀칭을 하고 다시 30분간 발효 후 250g씩 분할한다.
3 분할된 반죽을 가볍게 접어 20분간 중간 발효시킨다.
4 중간 발효된 반죽을 직사각 둥근 모양으로 성형한 후 표면에 물을 뿌려 통밀가루를 묻힌다.
5 반죽 표면에 사선으로 칼집을 3개 정도 내준 후 발효실(온도 35℃/ 습도 75%)에서 30분간 2차 발효시킨다.
6 예열된 오븐 240℃ / 230℃에서 스팀을 주고 18분간 굽는다.

발효종(효모종)

효모, 누룩 등 발효를 일으킬 수 있는 물질로 밀가루와 물을 혼합해 만든 천연발효종을 뜻한다. 천연발효종은 이스트를 첨가하지 않고 밀가루에 함유된 미생물이 자연 배양되어 발효를 일으켜 만들어진다.

단호박 치아바타로 만든 샌드위치

CHAPTER 2 SANDWICH
건강빵을 이용한 샌드위치

단호박 쉬림프 샌드위치

재료 · 분량

- 단호박 치아바타
- 머스타드 적당량
- 양상추 큰 잎 1장
- 레몬 소스 적당량
- 슬라이스 오이 3개
- 칠리새우 8~10마리
- 콜비치즈 적당량
- 오렌지 1개
- 루꼴라 적당량

만드는 과정

1 단호박 치아바타를 반으로 자르고 머스타드를 바른다.

2 ①에 양상추를 올리고 *레몬 소스를 뿌린 후 슬라이스 오이 3개를 비스듬히 올린다.

3 *버터에 볶은 칠리새우를 ②에 올린 후 콜비치즈는 빵 크기만큼 잘라 올리고 그 위에 슬라이스 오렌지 2개를 올린다.

4 ③에 루꼴라를 올리고 단호박 치아바타를 덮는다.

● **칠리새우 만들기**
흰다리 새우(8마리~10마리), 버터, 매운 치킨 소스, 체다치즈, 후추

1 물기를 뺀 흰다리 새우를 후추로 간하여 버터에 볶는다.
2 매운 치킨 소스 1 : 칠리새우 1 : 체다치즈 0.3을 넣고 치즈가 녹을 때까지 익힌다.

● **레몬 소스 만들기**
이지마요 5 : 레몬원액 1 : 레몬 1개 분량의 껍질을 잘 섞어준다.

▶ 머스타드 소스 만들기는 23p 참조

단호박 치아바타 만들기

재료
강력분 396g 중력분 102g 소금 10g 설탕 14g 단호박가루 18g 개량제 6g
레드 이스트 6g 르방(묵은기지) 130g 탕종 258g 물 336g 르방(기계종) 144g
올리브유 14g 단호박 삶은 것 258g

만드는 법
1 르방, 탕종을 포함한 전 재료를 넣고 저속으로 2분, 중속으로 12분 믹싱 후 반죽 상태를 확인하고 삶은 단호박을 넣어 가볍게 믹싱한다. (반죽온도 24℃)
2 40분 간격으로 상, 하, 좌, 우 펀칭을 2회 실시하여 반죽의 겉과 안의 온도차이를 줄여주고, 기포를 일정하게 해주며 글루텐 자극을 주어 반죽의 힘을 크게한다.
3 펀칭한 반죽을 40분간 중간 발효(온도 27℃/ 습도 70%) 시킨 후 반죽 표면을 잘 정리하여 넓은 직사각 모양으로 정리한다.
4 가로 20cm 세로 8cm 직사각 모양으로 재단해(180g) 실리콘 페이퍼에 팬닝 후 예열된 오븐 240℃ / 230℃에서 10분간 굽는다.

홍국 치아바타로 만든 샌드위치

CHAPTER 2 SANDWICH
건강빵을 이용한 샌드위치

홍국 해쉬감자 샌드위치

재료 · 분량

- 홍국 치아바타
- 머스타드 적당량
- 양상추 큰 잎 1장
- 요거트 소스 적당량
- 슬라이스 피클 3개
- 슬라이스 오이 3개
- 양배추 적당량
- 적양배추 적당량
- 당근 적당량
- 본네스햄 1장
- 콜비치즈 1장
- 해쉬감자 1개
- 케찹 적당량
- 로메인 2장

만드는 과정

1 홍국 치아바타를 반으로 자르고 머스타드를 바른다.

2 ①에 양상추를 올리고 ∗요거트 소스를 뿌려준 후 슬라이스 피클, 슬라이스 오이를 올린다.

3 양배추, 적양배추, 당근, 본네스햄, 콜비치즈를 채썰어 섞고 머스타드를 넣어 골고루 섞은 후 ②에 올린다.

4 바삭하게 튀긴 해쉬감자를 ③에 올리고 케찹을 뿌린다.

5 ④에 로메인 2장을 올리고 홍국 치아바타를 덮는다.

● 요거트 소스 만들기
플레인 요거트 10 : 설탕 1 : 레몬주스 0.8에 소금, 후추를 넣고 잘 섞어준다.

▶ 머스타드 소스 만들기는 23p 참조

홍국 치아바타 만들기

재료
강력분 362g 중력분 158g 설탕 16g 소금 10g 홍국쌀가루 16g 개량제 5g 레드이스트 5g 르방(묵은기지) 156g 탕종 258g 르방(기계종) 156g 물 516g 올리브유 26g

만드는 법
1 르방, 탕종을 포함한 전 재료를 넣고 저속으로 2분, 중속으로 12분간 믹싱한다.
2 반죽 상태를 확인 후 마무리한다.
3 40분 간격으로 펀칭을 2회 실시하고 실온에서 중간 발효(온도 27℃ / 습도 70%) 40분 후 반죽 표면을 정리한 다음 넓은 사각 모양으로 정리한다.
4 가로 20cm, 세로 8cm 직사각 모양(180g)으로 재단하여 실리콘 페이퍼에 팬닝 후 예열된 오븐 240℃ / 230℃에서 스팀을 주고 10분간 굽는다.

컨츄리 브레드로 만든 샌드위치

CHAPTER 2 SANDWICH
건강빵을 이용한 샌드위치

스페셜 머슈룸 샌드위치

재료 · 분량

- 컨츄리빵
- 바질버터 적당량
- 양상추 큰 잎 1장
- 레몬 소스 적당량
- 슬라이스 피클 3개
- 본네스햄 3장
- 양송이 2개
- 애느타리 1/4
- 새송이 大 1/3개
- 피자치즈 적당량
- 체다치즈 적당량
- 작은 토마토 1개
- 어린채소 적당량

만드는 과정

1 컨츄리빵을 옆으로 자르고 *바질버터를 바른다.

2 ①에 양상추를 올리고 *레몬 소스를 뿌린 다음 슬라이스 피클, 본네스햄 3장을 접어 올린다.

3 양송이, 애느타리, 새송이버섯을 소금, 후추에 간하고 볶는다.

4 ③에 피자치즈, 체다치즈를 넣고 골고루 버무려서 ②에 올려 펴준다.

5 ④에 슬라이스 토마토 3개를 올리고 어린채소를 올린다.

● 바질 버터 만들기
바질페스트 1 : 버터 1 : 올리고당 0.3을 잘 섞어준다.

● 레몬 소스 만들기
이지마요 5 : 레몬원액 1 : 레몬 1개 분량의 껍질을 잘 섞어준다.

컨츄리 브레드 만들기

재료
베이킹믹스 294g 강력분 294g 소금 2g 설탕 42g 버터 10g 레드이스트 6g
계란 1개 몰트 6g 샤워종 245g 르방(묵은기지) 250g 물 295g

만드는 법
1 샤워종, 르방(묵은기지)을 포함한 전 재료를 넣어 저속으로 3분, 중속으로 10분 믹싱한 후 반죽 상태를 확인한 다음 충전물을 넣어 가볍게 섞어준 후 믹싱을 마무리한다.
2 온도 27℃ / 습도 70% 실온에서 40분간 1차 발효 후 가볍게 1회 펀칭을 하고 다시 30분 발효 후 110g씩 분할한다.
3 중간 발효 30분 후 15cm 정도 막대 모양으로 성형한 후 표면에 물을 뿌려 잡곡가루(크라프트콘)를 묻혀 철판에 팬닝한다.
4 발효실(온도 35℃ / 습도 75%)에서 40분간 2차 발효 후 예열된 오븐 240℃ /230℃ 에서 스팀을 주고 12분간 굽는다.

플레인 치아바타로 만든 샌드위치

CHAPTER 2 SANDWICH
건강빵을 이용한 샌드위치

보스턴 리코타치즈 핫도그

재료 · 분량

- 플레인 치아바타
- 허니 소스 적당량
- 꽃상추 조금
- 로메인 2장
- 우스타 소스 적당량
- 씨겨자 적당량
- 보스턴 핫도그 1개
- 치킨양념 소스 적당량
- 다진 양파 적당량
- 다진 피클 적당량
- 케찹 적당량
- 리코타치즈 적당량

만드는 과정

1 플레인 치아바타를 반으로 자르고 허니 소스를 바른다.

2 ①에 꽃상추, 로메인을 올리고 우스타 소스에 홀그레인을 넣고 구운 보스턴 핫도그를 올린다.

3 ②에 치킨 양념소스를 뿌리고 다진 양파와 피클을 수북하게 올린다.

4 ③에 허니 소스, 케찹을 뿌리고 그 위에 리코타치즈를 뿌려 마무리한다.

플레인 치아바타 만들기

재료
강력분 640g 레시피솔트 12g 뜨거운 물 60g 감자 후레이크 20g 드라이 이스트 10g
배양종가루 20g 물 440g 올리브유 32g

만드는 법
1 뜨거운 물, 감자 후레이크, 올리브유를 제외한 전 재료를 넣고 저속으로 3분, 중속으로 5분간 믹싱 후 뜨거운 감자 섞은 것과 올리브유를 넣어 중속으로 5분간 믹싱한다. (반죽온도 26℃)
2 30분 간격으로 2회 펀칭 후 1차 발효된 반죽을 90g씩 분할한다.
3 실온(온도 27℃ / 습도 70%)에서 30분간 중간 발효 후 15cm 정도 길쭉한 럭비공 모양으로 성형한다.
4 반죽을 실리콘 페이퍼 위에 올리고 적당한 간격으로 팬닝 후 온도 35℃ / 습도 75%에서 최종 발효시킨다.
5 발효된 반죽을 예열된 전용 오븐 240℃ / 230℃에서 스팀을 주고 10분간 굽는다.
중간에 윗불을 줄여서 윗 표면 색깔이 진하지 않게 하는 것이 좋다.

치아바타
밀가루에 이스트, 소금, 물만 넣고 반죽하여 납작하고 길쭉한 모양으로 만든 이탈리아 빵

체다치즈 치아바타로 만든 샌드위치

CHAPTER 2 SANDWICH
건강빵을 이용한 샌드위치

치즈 불고기 치아바타 핫도그

재료 · 분량

- 체다치즈 치아바타
- 허니 소스 적당량
- 치커리 적당량
- 소불고기 100g
- 양송이 1개
- 양파 적당량
- 바베큐 소스 적당량
- 갈릭 소스 적당량
- 파슬리 적당량

만드는 과정

1 체다치즈 치아바타를 반으로 자르고 허니 소스를 바른다.

2 ①에 치커리를 올리고 양념해서 재워둔 ＊소불고기에 채썬 양송이와 양파를 넣고 볶아서 식힌 뒤 올린다.

3 ②에 바베큐 소스와 ＊갈릭 소스를 뿌리고 파슬리로 장식하여 마무리한다.

● **소불고기 만들기**

소고기, 간장, 설탕, 맛술, 허브시즈닝, 후추

소고기에 간장 2: 설탕 1: 맛술 0.5, 약간의 허브시즈닝, 후추를 넣어 간하고 30분 이상 재운 뒤 볶는다.

● **갈릭 소스 만들기**

마요네즈 2 : 허니 1 : 꿀 0.5 : 다진마늘 1에 통후추를 넣고 잘 섞어준다.

체다치즈 치아바타 만들기

재료

강력분 640g 레시피솔트 12g 뜨거운 물 60g 감자 후레이크 20g 드라이 이스트 10g 배양종가루 20g 물 440g 올리브유 32g

만드는 법

1 뜨거운 물, 감자 후레이크를 섞은 것과 올리브유를 제외한 전 재료를 넣고
저속으로 3분, 중속으로 5분 믹싱 후 나머지 재료를 넣고 5분간 믹싱한다. (반죽온도 26℃)
2 30분 간격으로 2회 펀칭 후 1차 발효된 반죽을 90g씩 분할한다.
3 실온(온도 27℃ /습도 70%)에서 30분간 중간 발효 후 15cm 정도 길쭉한 럭비공 모양
으로 성형해서 윗면에 물을 뿌린 후 체다치즈와 에맨탈 슈레드 치즈를 골고루 묻힌다.
4 반죽을 실리콘 페이퍼 위에 올리고 적당한 간격으로 팬닝 후
발효실(온도 35℃ / 습도 75%)에서 최종 발효시킨다.
5 최종 발효된 반죽을 예열된 오븐 240℃/230℃에서 스팀을 주고 11분간 굽는다.

멀티씨리얼빵으로 만든 샌드위치

CHAPTER 2 SANDWICH
건강빵을 이용한 샌드위치

오트밀 파스트라미 샌드위치

재료 · 분량

- 멀티씨리얼빵
- 바질 소스 적당량
- 양상추 큰 잎 1장
- 채썬 적양배추 적당량
- 큰 토마토 1개
- 로메인 1장
- 파스트라미햄 2장
- 콜비치즈 적당량

만드는 과정

1. 멀티씨리얼빵을 먹기 좋게 자르고 바질 소스를 바른다.
2. ①에 양상추, 채썬 적양배추, 슬라이스 토마토 1개를 올린다.
3. 바질 소스를 바른 빵을 덮고 그 위에 로메인을 올린다.
4. ③에 담백한 파스트라미햄을 접어 올리고 빵을 덮는다.

멀티씨리얼빵 만들기

재료
강력분 355g 크라프트콘 88g 설탕 10g 소금 6g 레드 드라이 이스트 2g 몰트 2g
사워종 178g 물 300g 르방(묵은반죽) 207g
충전물 무화과 178g 피칸 88g 크랜베리 148g

만드는 법
1. 사워종과 르방(묵은반죽)을 포함한 전 재료를 넣고 저속으로 3분, 중속으로 8분간 믹싱 후 반죽 상태를 확인한 다음 충전물을 넣어 가볍게 믹싱한다. (반죽온도 26℃)
2. 온도 27℃ / 습도 70%에서 50분간 1차 발효 후 반죽을 위 아래로 가볍게 접어 펀칭한다.
3. 다시 40분간 발효 후 250g씩 분할 후 가볍게 말아준다.
4. 30분간 중간 발효 후 직사각형 모양으로 둥글게 성형한 다음 겉 표면에 물을 뿌려 오트밀을 묻히고 실리콘 페이퍼에 적당한 간격으로 팬닝 후 발효실(온도 35℃/ 습도 75%)에서 40분간 2차 발효시킨다.
5. 예열된 오븐 220℃/200℃에서 스팀을 주고 25분간 굽는다.

파스트라미햄
양념한 소고기를 여러가지 허브와 향신료를 넣어 말린 후 훈제하여 차게 식힌 것.

멀티씨리얼빵(오트밀빵)
귀리의 가루로 빵을 만들고 소금, 설탕, 우유를 더하여 만든 서양음식

올리브 치아바타로 만든 샌드위치

비프 올리브 치아바타 샌드위치

재료 · 분량

- 올리브 치아바타
- 홀그레인 소스 적당량
- 꽃상추 2장
- 로메인 2장
- 슬라이스 양파 적당량
- 슬라이스 피클 3개
- 소불고기 100g
- 바베큐 소스 적당량
- 노랑피망 1개
- 홍피망 1개

만드는 과정

1 올리브 치아바타를 옆으로 자르고 *홀그레인 소스를 바른다.

2 ①에 꽃상추 2장, 로메인 2장, 슬라이스 양파, 슬라이스 피클을 올린다.

3 양념해서 볶은 소불고기를 ②에 올리고 바베큐 소스를 뿌린다.

4 ③에 노랑피망, 홍피망을 슬라이스하여 올리고 마무리한다.

● 홀그레인 소스 만들기
씨겨자 7g, 마요네즈 40g, 꿀 10g에 통후추를 넣고 골고루 섞어준다.

올리브 치아바타 만들기

재료
강력분 720g 중력분 180g 설탕 28g 소금 16g 레드 이스트 10g
물 720g 호밀종 136g 올리브유 36g
충전물 올리브 180g 롤치즈 180g

만드는 법
1 올리브유를 뺀 전 재료를 넣고 저속으로 5분 정도 믹싱한다.
2 올리브유를 넣고 중속으로 7분~8분 정도 믹싱 후 (약 80%의 반죽 상태) 마무리한다.
 (반죽온도 24℃)
3 마무리된 반죽을 통에 담아 넓게 펴준 다음 충전물(올리브, 롤 치즈 섞은 것)을
 절반 가량 고루 펴준 후 반죽으로 한번 덮고 나머지를 넣고 한번 더 덮어준 후 마무리한다.
4 실온에서 30분간 1차 발효 후 펀칭하듯 가볍게 접어준다.
5 중간 발효 20분 뒤 반죽을 넓게 펼쳐 원하는 크기로 재단 후 실리콘 페이퍼에 팬닝한다.
6 실온에서 최종 발효 후 건강빵 전용 오븐 240℃/230℃에서 스팀을 주고 17분간 굽는다.

통밀빵으로 만든 샌드위치

CHAPTER 2 SANDWICH
건강빵을 이용한 샌드위치

치킨 커틀렛 샌드위치

재료 · 분량

- 통밀빵
- 타르타르 소스 적당량
- 꽃상추 2장
- 로메인 2장
- 치킨 커틀렛 한조각
- 홍피망 1개
- 청피망 1개

만드는 과정

1 통밀빵을 옆으로 자르고 타르타르 소스를 바른다.

2 ①에 꽃상추 2장, 로메인 2장, *치킨 커틀렛을 올린다.

3 타르타르 소스를 ②에 듬뿍 뿌린다.

4 ③에 홍피망, 청피망을 잘게 다져서 올린다.

● 치킨 커틀렛 만들기

닭가슴살, 우유, 소금, 후추, 전분가루, 계란, 튀김가루

1 닭가슴살을 우유에 30분 이상 재어둔다.
2 ①에 소금, 후추, 전분가루, 계란, 튀김가루 순서대로 입혀서 튀긴다.

▶ 통밀빵 만들기는 35p 참조
▶ 타르타르 소스 만들기는 35p 참조

| 치킨 커틀렛
고기, 생선, 야채 등을 다져서 둥글납작하게 만든 뒤 튀김옷을 입혀 튀긴 것

크랜베리쌀빵으로 만든 샌드위치

CHAPTER 2 SANDWICH
건강빵을 이용한 샌드위치

크랜베리 호두 튜나 샌드위치

재료 · 분량

- 크랜베리쌀빵
- 어니언 소스 적당량
- 양상추 큰 잎 1장
- 참치속 적당량
- 작은 토마토 1개
- 새싹채소 적당량

만드는 과정

1 크랜베리 쌀빵을 옆으로 자르고 *어니언 소스를 바른다.

2 ①에 상추를 올리고 *참치속을 빵 크기 만큼 올린다.

3 ②에 슬라이스 토마토 4개, 새싹채소를 올리고 마무리한다.

● **어니언 소스 만들기**

크림치즈 70g, 설탕 18g, 머스타드 2g, 생크림 30g, 양파즙 24g 비율로 골고루 섞어준다.

● **참치속 만들기**

참치, 다진 호두, 양파, 피클, 소금, 후추, 마요네즈

기름을 뺀 참치, 잘게 다진 호두, 다진 양파, 피클을 넣어 소금, 후추로 간하고 마요네즈를 넣어 골고루 버무린다.

크랜베리 쌀빵 만들기

재료
전반죽 : 강력 쌀가루 490g 물 490g 레드 이스트 2g
본반죽 : 강력 쌀가루 272g 소금 14g 레드 이스트 4g 물 69g 몰트 6g 르방(기계종) 189g
충전물 크랜베리 204g 블루베리 81g

만드는 법
1 충전물을 제외한 폴리쉬종(전반죽)과 전 재료를 넣어 저속으로 3분, 중속으로 7분간 믹싱 후 반죽 상태를 환인한 다음 충전물(전처리한 크랜베리, 블루베리)을 넣어 믹싱을 마무리한다.
2 1차 발효 (온도 27℃ /습도 75%) 40분 후 200g씩 분할한다.
3 30분간 중간 발효 후 직사각형 둥근 모양으로 성형 후 실리콘 페이퍼에 팬닝한다.
4 발효실(온도 35℃ / 습도 75%)에서 40분간 2차 발효시킨 뒤 겉 표면에 쌀가루를 뿌리고 사선으로 칼집을 내준다.
5 예열된 오븐 240℃ / 230℃에서 스팀을 주고 11분간 굽는다.

시금치 치아바타로 만든 샌드위치

CHAPTER 2 SANDWICH
건강빵을 이용한 샌드위치

커리 닭가슴살 샌드위치

재료 · 분량

- 시금치 치아바타
- 타르타르 소스 적당량
- 로메인 2장
- 작은 토마토 1개
- 커리 닭가슴살 한조각
- 어린채소 적당량

만드는 과정

1 시금치 치아바타를 옆으로 자르고 타르타르 소스를 바른다.

2 ①에 로메인, 슬라이스 토마토 4개, *커리 닭가슴살을 올린다.

3 ②에 어린채소를 올리고 마무리한다.

● 커리 닭가슴살 만들기
닭가슴살, 카레, 홀그레인, 소금, 후추, 마요네즈

1 닭가슴살을 삶아 잘게 찢는다.
2 ①에 적당량의 카레, 씨겨자, 소금, 후추, 마요네즈를 넣고 버무린다.

▶ 타르타르 소스 만들기는 35p 참조

시금치 치아바타 만들기

재료
전반죽 : 강력분 200g 크라프트콘 200g 드라이 이스트 2g 물 400g
본반죽 : 강력분 600g 소금 10g 드라이 이스트 6g 사워종 200g 물 400g
충전물 시금치 100g 양파 슬라이스 70g 롤치즈 150g 크랜베리 200g 구운 피칸 100g

만드는 법
1 전반죽(폴리쉬종)과 전 재료를 넣고 저속으로 2분, 중속으로 7분~8분간 믹싱 후
(약 80%의 반죽 상태) 마무리된 반죽을 통에 담아 넓게 펴준다. (반죽온도 26℃)
2 충전물을 두번 골고루 펴고 접은 후 1차 발효시간 30분 간격으로 2회 펀칭을 해서
성형에 용이한 상태로 만들어준다.
3 중간 발효를 거쳐 원하는 크기로 재단(20cm×8cm, 240g)한 후 실리콘 페이퍼에
적당한 간격으로 팬닝한다.
4 실온에서 최종 발효 후 전용 오븐 240℃/230℃에서 스팀을 주고 18분간 굽는다.

CHAPTER 3
SANDWICH

다양한 빵을 이용한 샌드위치

모닝빵, 소프트 바게트, 감자빵, 크로플, 호두 베이글,
오트밀 햄버거빵, 검은깨 햄버거빵, 먹물 쌀빵, 마늘 바게트, 크로와상, 또띠아,
바게트 베이글, 미니 크로와상, 햄버거빵을 이용해 만든 다양한 샌드위치

모닝빵으로 만든 샌드위치

모닝 후르츠 미니 버거

재료 · 분량

- 모닝빵 3개
- 머스타드 소스 적당량
- 꽃상추 3장
- 마요네즈 적당량
- 슬라이스 양파 적당량
- 슬라이스 피클 적당량
- 작은 토마토 1개
- 햄버거 패티 1장
- 브라운 소스 적당량
- 케찹 적당량
- 슬라이스 치즈 1장
- 로메인 1장
- 삶은 계란 1개
- 후르츠 통조림 적당량

만드는 과정

1 모닝빵을 옆으로 자르고 머스타드 소스를 바른다.

2 ①에 꽃상추를 올리고 마요네즈를 뿌린다.

3 ②에 슬라이스 양파, 피클, 토마토를 올린다.

4 햄버거 패티는 2등분하여 한 면에 브라운 소스를 바르고 ③에 올린다.

5 ④에 케찹을 뿌리고 슬라이스 치즈를 1/2로 자른 후 올린다.

6 다른 모닝빵도 옆으로 자르고 머스타드 소스를 바른다.

7 ⑥에 로메인을 올린다.

8 삶은 계란에 다진 후르츠 통조림을 넣고 소금, 후추, 마요네즈로 버무려 ⑦에 한스푼 올리고 마무리한다.

▶ 머스타드 소스 만들기는 23p 참조

모닝빵 만들기

재료
강력분 955g 설탕 200g 소금 15g 분유 30g 드라이 이스트 20g
계란 5개 르방(기계종) 100g 버터 150g

만드는 법
1 버터를 제외한 모든 재료를 넣고 저속 2분으로 믹싱한다.
2 버터를 넣고 14분간 종속으로 믹싱 후 마무리한다.(신장성과 탄력성을 최상의 상태로 마무리한다)
3 실온(온도 27℃ / 습도 70%)에서 40분간 1차 발효시킨 후 26g씩 분할해 철판에 팬닝한다.
4 반죽을 팬닝 후 우유를 바르고 발효실(온도 38℃ / 습도 75%)에서 최종 발효시킨다.
5 예열된 오븐(온도 190℃ / 160℃)에서 12분간 굽는다.
구운 후 우유를 살짝 발라서 윤기있게 마무리한다.

소프트 바게트로 만든 샌드위치

잠봉 뵈르

재료 · 분량

- 소프트 바게트
- 버터 적당량
- 잠봉햄 3~4장
- 무염버터
- 루꼴라 적당량

만드는 과정

1. 소프트 바게트를 반으로 자르고 버터를 바른다.

2. ①에 잠봉햄을 여러겹으로 비스듬하게 층층이 올리고 무염버터를 잘라 올린다.

3. ②에 루꼴라를 올리고 마무리한다.

소프트 바게트 만들기

재료
초강력분 896g 박력분 153g 소금 20g 글루텐 20g 개량제 10g
레드 이스트 15g 물 734g 르방(기계종) 156g

만드는 법
1. 전 재료를 넣어 저속 2분, 중속으로 10분간 믹싱한다.
2. 실온(온도 27℃ / 습도 70%)에서 50분간 1차 발효 후 330g으로 분할한다.
(가볍게 말아서 분할)
3. 30분 정도의 중간 발효를 거쳐 프랑스빵 모양으로 성형한다.
4. 바게트틀에 팬닝 후(온도 35℃ / 습도 75%)에서 50분간 2차 발효시킨다.
5. 최종 발효된 반죽의 표면이 조금 마른 후 사선으로 5번 정도 칼집을 낸 후 컨백션오븐 230℃에서 스팀을 주고 30분간 굽는다.

잠봉 뵈르
프랑스의 대표적 빵인 바게트를 반으로 잘라 속에 잠봉(Jambon, 얇게 저민 햄)과 뵈르(Beurre, 버터)를 넣은 샌드위치를 말함.

감자빵으로 만든 샌드위치

CHAPTER 3 SANDWICH
다양한 빵을 이용한 샌드위치

핫치킨 감자빵 퐁듀

재료 · 분량

- 감자빵
- 꽃상추 2장
- 핫치킨 양념속
- 피자치즈 적당량
- 체다치즈 적당량

만드는 과정

1 감자빵은 알맞은 크기로 바닥이 보이게끔 구멍을 파준다.

2 ①에 꽃상추 2장을 올리고 ✻핫치킨 양념속을 듬뿍 담는다.

3 피자치즈와 체다치즈를 2:1로 녹여 ②에 올린다.

● **핫치킨 양념속 만들기** (튀긴 닭 100g 기준)
매운 치킨 소스 90g, 칠리 소스 30g, 양파, 청피망, 고구마 다이스,
옥수수캔, 튀긴 닭 100g

1 매운 치킨 소스, 칠리 소스를 섞고 깍뚝썰기한 양파, 청피망을 넣는다.
2 ①에 고구마 다이스, 옥수수캔을 넣고 약불에서 조린다.
3 튀긴 닭을 먹기 좋게 자르고 ②에 넣어 골고루 섞어준다.

감자빵 만들기

재료
T-55 1300g 설탕 26g 소금 26g 드라이 이스트 13g 감자 삶은 것 520g
우유 260g 물 780g 올리브유 130g

만드는 법
1 올리브유와 삶은 감자를 제외한 전 재료를 넣고 저속으로 5분간 믹싱한 후
올리브유를 넣고 중속으로 7분 정도 믹싱한다.
약 80% 반죽 상태가 되었을 때 삶은 감자를 깍뚝썰기해서 넣고,
살짝 가볍게 섞어준 후 반죽을 마무리한다. (반죽온도 25℃)
2 1차 발효(온도 27℃ / 습도 70%)에서 40분간 발효 후 펀칭을 하고 다시 30분 후
150g씩 분할한다. (반죽이 많이 질기 때문에 둥글리기 할 때 반죽 표면이 찢어지지 않도록
조심해서 작업해야 한다)
3 30분간 실온에서 중간 발효한 후 실리콘 페이퍼에 일정한 간격으로 팬닝한다.
4 예열된 오븐(온도 240℃ / 230℃)에서 스팀을 주고 12분간 굽는다.

크로와상(크로플)으로 만든 샌드위치

크림치즈 크로플 스트로베리

재료 · 분량

- 크로플
- 크림치즈 적당량
- 생딸기 4~5개
- 비타민

만드는 과정

1. 크로플 한 면에 크림치즈를 바른다.

2. ①에 딸기를 반으로 자르고 올린다.

3. ②에 크림치즈를 바르고 크로플을 덮는다.

4. 비타민으로 장식한다.

▶ 크로와상 만들기는 73p 참조

크로플
크로와상과 와플을 합성한 신조어로 와플팬 혹은 와플메이커에
크로와상 생지를 넣고 구운 디저트 빵.

호두 베이글로 만든 샌드위치

CHAPTER 3 SANDWICH
다양한 빵을 이용한 샌드위치

칠면조 베이글

재료 · 분량

- 호두 베이글
- 버터 적당량
- 홀그레인 소스 적당량
- 로메인 2장
- 큰 토마토 1개
- 훈제 칠면조 적당량
- 양파 1개
- 노랑피망 1개
- 홍피망 1개
- 치커리 적당량

만드는 과정

1 호두 베이글을 반으로 자르고 버터를 바른 후 노릇하게 구워준다.

2 ①의 안쪽 면에 *홀그레인 소스를 바르고 로메인, 슬라이스 토마토 2개를 올린다.

3 훈제된 칠면조를 먹기 좋게 찢고 깍뚝썰기한 양파, 노랑피망, 홍피망, 후추, 버터를 넣고 볶는다.

4 ②에 ③을 올리고 치커리를 올려 마무리한다.

● 홀그레인 소스 만들기
씨겨자 7g, 마요네즈 40g, 꿀 10g에 통후추를 넣고 골고루 섞어준다.

호두 베이글 만들기

재료
강력분 654g 박력분 85g 설탕 128g 소금 13g 버터 128g 드라이 이스트 16g
분유 16g 적포도주 170g 물 252g 르방(기계종) 256g 르방(묵은기지) 100g
충전물 호두 170g

만드는 법
1 호두를 제외한 전 재료를 넣고, 저속 3분간 믹싱한 후 중속으로 7분간 믹싱하고
반죽 상태를 확인한 후 충전물(호두분태)을 넣어 가볍게 섞어주고 반죽을 마무리한다.
(반죽온도 26℃)
2 실온(온도 27℃ / 습도 70%)에서 40분간 발효 후 펀칭을 하고
다시 30분 후 110g씩 분할한다.
3 분할된 반죽을 30분간 중간 발효후 베이글 모양으로 성형해서 철판에 팬닝한다.
4 계란물을 바르고 온도 38℃ / 습도 75% 발효실에서 40분간 최종 발효를 한다.
5 발효된 반죽을 예열된 오븐 190℃/170℃에서 15분간 굽는다.

오트밀 햄버거빵으로 만든 샌드위치

CHAPTER 3 SANDWICH
다양한 빵을 이용한 샌드위치

하와이안 치즈 불고기 버거

재료 · 분량

- 오트밀 햄버거빵
- 버터 적당량
- 머스타드 소스 적당량
- 양상추 큰 잎 1장
- 슬라이스 양파
- 슬라이스 오이 2개
- 적겨자 1장
- 슬라이스 파인애플 1개
- 치즈 패티 1장
- 슬라이스 치즈 1장
- 베이컨 2장
- 홀그레인 소스 적당량

만드는 과정

1 오트밀 햄버거빵을 반으로 자르고 버터를 바른 후 구워준다.

2 ①의 안쪽 면에 머스타드 소스를 바르고 양상추, 슬라이스 양파, 슬라이스 오이를 올린다.

3 적겨자 한장을 올리고 앞 뒤로 구운 파인애플, *치즈 패티를 올린다.

4 ③에 슬라이스 치즈, 구운 베이컨을 크로스로 올린다.

5 ④에 홀그레인 소스를 바른 빵으로 덮는다.

● 치즈 패티 만들기

소고기 70g, 돼지고기 170g, 양파 70g, 양송이 35g,
대파, 마늘, 미림, 소금, 후추, 계란, 빵가루 70g, 체다치즈, 피자치즈

1 다진 양파, 양송이, 대파, 마늘은 소금, 후추 간하여 볶는다.
2 ①에 소고기, 돼지고기를 넣고 미림, 소금, 후추, 계란, 빵가루를 넣어 섞어준다.
3 120g 정도 양을 둥글게 만들어 피자치즈 1 : 체다치즈 1 비율로 적당한 양의 치즈를 넣어 180℃ 오븐에서 앞 뒤로 14분간 굽는다.

오트밀 햄버거빵 만들기

재료
강력분 955g 설탕 200g 소금 15g 분유 30g 드라이 이스트 20g
계란 5개 르방(기계종) 100g 버터 150g 오트밀 적당량

만드는 법
1 버터를 제외한 모든 재료를 넣고 저속 2분으로 믹싱한다.
2 버터를 넣고, 14분간 중속으로 믹싱 후 마무리한다.
※ 신장성과 탄력성을 최상의 상태로 마무리한다. (반죽온도 26℃)
3 실온(온도 27℃ / 습도 70%)에서 40분간 1차 발효시킨 후 100g으로 분할해 둥글리기한다.
4 30분간 냉장 휴지시킨 후 밀대로 밀어 가스를 빼고 햄버거 크기로 철판에 맞게 성형한다.
5 성형한 반죽에 계란물칠을 하고 윗면에 오트밀을 전체적으로 찍어 햄버거형 철판에 팬닝한다.
6 발효실(온도 38℃ / 습도 75%)에서 30분간 발효시킨 후
예열된 오븐 190℃/170℃에서 12분간 굽는다.

검은깨 햄버거빵으로 만든 샌드위치

쉬림프 버거

재료 · 분량

- 검은깨 햄버거빵
- 허니 소스 적당량
- 버터 적당량
- 로메인 2장
- 슬라이스 양파 적당량
- 채썬 양배추 적당량
- 랜치 소스 적당량
- 슬라이스 오렌지 1개
- 칵테일 새우 6~7마리

만드는 과정

1 검은깨 햄버거빵을 반으로 자르고 버터를 바른 후 구워준다.

2 ①의 안쪽 면에 허니 소스를 바르고 로메인, 슬라이스 양파를 올린다.

3 ②에 채썬 양배추를 올리고 *랜치 소스를 뿌린다.

4 ③에 슬라이스 오렌지 1개를 올리고 후추로 간해 버터에 볶은 새우를 올려 마무리한다.

● 랜치 소스 만들기
샤워크림 2 : 마요네즈 1 : 플레인 요거트 1 : 설탕 1 : 다진마늘 0.3 : 양파찹 1, 파슬리, 후추, 소금을 넣고 골고루 섞어준다.

검은깨 햄버거빵 만들기

재료
강력분 955g 설탕 200g 소금 15g 분유 30g 드라이 이스트 20g
계란 5개 르방(기계종) 100g 버터 150g 검은깨 적당량

만드는 법
1 버터를 제외한 모든 재료를 넣고 저속 2분으로 믹싱한다.
2 버터를 넣고 14분간 중속으로 믹싱 후 마무리한다.
※신장성과 탄력성을 최상의 상태로 마무리한다. (반죽온도 26℃)
3 실온(온도 27℃ / 습도 70%)에서 40분간 1차 발효시킨 후 100g으로 분할해 둥글리기한다.
4 30분간 냉장에서 휴지시킨 후 밀대로 밀어 가스를 빼고, 햄버거 크기로 철판에 맞게 성형한다.
5 성형한 반죽에 계란물칠을 하고, 윗면에 검은깨를 전체적으로 찍어서 햄버거형 철판에 팬닝한다.
6 발효실(온도 38℃ / 습도 75%)에서 30분간 발효시킨 후 예열된 오븐 190℃/170℃에서 12분간 굽는다.

크로와상으로 만든 샌드위치

토마토 스크램블 크로와상

재료 · 분량

- 크로와상
- 마요네즈 적당량
- 비타민 4~5장
- 본네스햄 4장
- 스크램블에그 속

만드는 과정

1. 크로와상을 반으로 자르고 마요네즈를 바른다.

2. ①에 비타민을 올리고 본네스햄을 모양있게 접어 올린다.

3. 스크램블에그 속을 ②에 올린다.

● **스크램블에그 속 만들기**

계란 2개, 우유 20g, 토마토, 양파, 소금, 후추

계란에 우유를 넣고 섞어준 다음 다진 토마토, 양파, 소금, 후추를 넣고 조리한다.

크로와상 만들기

재료

강력분 800g 박력분 200g 설탕 100g 소금 25g 버터 70g 트리몰린 30g
S-500(개량제) 10g 드라이 이스트 20g 계란 2개 우유 430g
르방(기계종) 200g 파이버터 600g

만드는 법

1 롤인버터를 제외한 모든 재료를 넣고 저속으로 10분간 믹싱한다.
2 믹싱 중 5분 정도 되었을 때 재료가 균일하게 섞여있는지 확인하고, 다시 믹싱 5분 후
반죽이 매끄러우며 글루텐이 잘 형성되었을 때 반죽을 마무리한다. (반죽온도 22℃)
3 실온(온도 25℃ / 습도 70%)에서 30분간 발효시킨다.
4 반죽을 작업대에 올리고 밀대로 균일하게 밀어 가스를 정리한 후
냉동실에 1시간 30분 둔다.
5 휴지된 반죽을 롤인버터를 넣어서 3절 3회 접기를 한다.
※접기 후 비닐을 씌워서 냉동 휴지를 10~20분씩 식혀가면서 접기 작업을 실시한다.
6 반죽을 3~4mm 두께로 작업한 후 필요한 무게나 크기에 따라
각기 다른 폭이나 길이를 정해서 작업한다.
7 성형한 반죽을 실온이나 저온에서 2차 발효 후 노른자를 발라
예열된 컨백션 오븐(210℃)에서 12분간 굽는다.

먹물 쌀빵으로 만든 샌드위치

CHAPTER 3 SANDWICH
다양한 빵을 이용한 샌드위치

루꼴라 카프리제

재료 · 분량

- 먹물 쌀빵
- 홀그레인 소스 적당량
- 루꼴라 적당량
- 슬라이스 아보카도 1개
- 생모짜렐라 치즈
- 작은 토마토 1개
- 통후추 소량

만드는 과정

1 먹물 쌀빵을 반으로 자르고 안쪽 면에 홀그레인 소스를 바른다.

2 ①에 루꼴라를 올리고 슬라이스 아보카도를 비스듬히 올린다.

3 ②에 모짜렐라 치즈와 슬라이스 토마토를 번갈아가며 올린다.

4 ③에 통후추를 뿌리고 마무리한다.

먹물 쌀빵 만들기

재료
전반죽 : 강력 쌀가루 600g 물 400g 드라이 이스트 5g
풀리쉬종 : 강력 쌀가루 100g 레드 이스트1g 물 350g
본반죽 : 강력 쌀가루 400g 설탕 20g 소금 19g 드라이 이스트 10g
몰트 6g 물 350g 올리브유 50g 오징어먹물 20g

만드는 법
1 전반죽, 풀리쉬종과 전 재료를 넣어 저속으로 3분, 중속으로 12분 믹싱 후 반죽 상태를 확인하고 마무리한다.
2 실온(온도 25℃ / 습도 70%)에서 30분간 1차 발효 후 120g씩 분할한다.
3 분할된 반죽을 30분간 중간 발효시킨 후 밀대를 사용하지 말고 손을 사용해 3절 접기해서 직사각형 모양으로 성형하여 실리콘 페이퍼에 적당한 간격으로 팬닝한다.
4 발효실(온도 35℃ / 습도 75%)에서 40분간 최종 발효시킨 후 예열된 오븐 240℃/230℃에서 11분간 구운 뒤 우유를 살짝 발라서 마무리한다.

카프리제
토마토와 모짜렐라치즈를 번갈아 놓고 그 위에 드레싱을 얹은 이탈리아 음식으로 주로 샐러드로 먹는다.

마늘 바게트로 만든 샌드위치

CHAPTER 3 SANDWICH
다양한 빵을 이용한 샌드위치

베이컨 마늘 바게트

재료 · 분량

- 마늘 바게트
- 크림치즈 적당량
- 로메인 2장
- 베이컨 4장
- 슬라이스 토마토 4개
- 삶은 계란 2개
- 무순 적당량

만드는 과정

1 바게트를 반으로 자르고 안쪽 면에 크림치즈를 바른다.

2 ①에 로메인을 올린 다음 구운 베이컨을 반으로 접어 올린다.

3 ②에 슬라이스 토마토 4개, 삶은 계란을 슬라이스해 올리고 바게트를 덮는다.

4 ③에 무순으로 장식하고 마무리한다.

마늘 바게트 만들기

재료
초강력분 896g 박력분 153g 소금 20g 글루텐 20g S-500(개량제) 10g
레드 이스트 15g 물 734g 르방(기계종) 156g
토핑 갈릭 소스 적당량 파슬리 소량

만드는 법
1 전 재료를 넣어 저속 2분, 중속 10분 믹싱한다.
2 실온(온도 27℃ / 습도 70%)에서 50분간 1차 발효 후 140g으로 분할한다.
(가볍게 말아서 분할)
3 30분 정도 중간 발효를 거쳐 22cm 정도 크기의 바게트형 모양으로 성형한다.
4 바게트틀에 팬닝 후(온도 35℃ / 습도 75%)에서 50분간 2차 발효시킨다.
5 최종 발효된 반죽의 표면이 조금 마른 후 사선으로 3번 정도 칼집을 낸 후
컨벡션 오븐 230℃에서 스팀을 주고 25분 굽는다.
6 구운 바게트 위에 갈릭 소스를 적당히 바른 후 건파슬리 가루를 적당히 뿌린다.

호두 베이글로 만든 샌드위치

CHAPTER 3 SANDWICH
다양한 빵을 이용한 샌드위치

호두 베이글 살라미 샌드위치

재료 · 분량

- 호두 베이글
- 크림치즈 적당량
- 꽃상추 2장
- 슬라이스 양파 적당량
- 슬라이스 오이 2개
- 슬라이스 사과 2개
- 슬라이스 토마토 2개
- 살라미햄 3장
- 로메인 2장

만드는 과정

1 호두 베이글을 반으로 자르고 안쪽 면에 크림치즈를 바른다.

2 ①에 꽃상추, 슬라이스 양파, 슬라이스 오이, 슬라이스 사과, 슬라이스 토마토를 차례대로 올린다.

3 ②에 살라미햄을 3장을 접어 올리고 로메인을 올린다.

4 ③에 크림치즈를 바른 빵을 덮는다.

▶ 호두 베이글 만들기는 67p 참조

베이글
쫄깃한 맛과 함께 씹을수록 고소함이 느껴지는 베이글은
가운데 구멍이 뚫린 둥근 모양의 빵으로 미국에서 아침식사로 많이 이용된다.

살라미
이탈리아식 소시지 중 하나로 소고기와 돼지고기에 소금과 향신료를 넣어
저온에서 장시간 건조시켜 보존성이 좋다.

크로와상으로 만든 샌드위치

CHAPTER 3 SANDWICH
다양한 빵을 이용한 샌드위치

크로와상 게살 샌드위치

재료 · 분량

- 크로와상
- 버터 적당량
- 허니 소스 적당량
- 슬라이스 피클 2개
- 적겨자 1장
- 로메인 2장
- 슬라이스 사과 2개
- 슬라이스 오이 3개
- 게살속 한스푼

만드는 과정

1 크로와상을 반으로 자르고 안쪽 면에 버터를 바른 후 구워준다.

2 ①에 허니 소스를 바르고 로메인, 적겨자, 슬라이스 피클을 차례대로 올린다.

3 ②에 슬라이스 오이, 슬라이스 사과를 올린다.

4 ③에 *게살속을 한스푼 올리고 마무리한다.

● 게살속 만들기

양파찹 3Ts, 게살 2, 참치 50, 겨자 소스 6, 타르타르 소스 40, 후추 약간

양파찹, 게살, 참치, 겨자 소스, 타르타르 소스, 후추를 넣고 골고루 섞어준다.

▶ 크로와상 만들기는 73p 참조

소프트 바게트로 만든 샌드위치

CHAPTER 3 SANDWICH
다양한 빵을 이용한 샌드위치

프렌치 토스트

재료 · 분량

- 바게트빵 5조각
- 계란 1개
- 우유 30g
- 바닐라 시럽 적당량
- 소금 소량
- 버터 적당량
- 딸기 적당량
- 블루베리 적당량
- 슈가파우더 적당량

만드는 과정

1 바게트빵을 두툼하게 비스듬히 자른다.

2 계란, 우유, 바닐라 시럽, 소금을 넣고 골고루 섞어준다.

3 달군 팬에 버터를 두르고 달걀물을 묻힌 ①을 앞뒤로 노릇하게 굽는다.

4 ③에 딸기, 블루베리를 올리고 슈가파우더를 뿌린다.

* 제철과일을 이용해도 좋다.

▶ 소프트 바게트 만들기는 61p 참조

프렌치 토스트
식빵을 달걀, 우유, 설탕을 섞은 물에 적신 후 구워낸
부드럽고 촉촉한 기본 토스트

또띠아로 만든 샌드위치

닭가슴살 롤 샌드위치

재료 · 분량

- 또띠아
- 허니 소스 적당량
- 양상추 큰 잎 3장
- 로메인 2장
- 채썬 홍피망 적당량
- 채썬 노란피망 적당량
- 채썬 청피망 적당량
- 훈제 닭가슴살 1조각

만드는 과정

1. 또띠아를 팬에 올려 굽는다.
2. ①에 허니 소스를 바르고 양상추 3장과 로메인 2장을 올린다.
3. ②에 채썬 홍피망, 노란피망, 청피망을 층층히 올린다.
4. ③에 훈제 닭가슴살을 빵 크기에 맞게 잘라 올린다.
5. ④를 돌돌 말아서 모양있게 마무리한다.

＊요거트 소스를 뿌려 먹으면 더 맛있다.

또띠아 만들기

재료
강력분 200g 전분 300g 물 300g 소금 5g

만드는 법
1. 모든 재료를 섞은 다음 1시간 동안 냉장 휴지시킨다.
2. ①을 90g씩 분할한 다음 원형으로 밀어 펴 후라이팬에서 살짝 굽는다.

또띠아
옥수가루나 밀가루를 반죽하여 팬에 구워 만든 멕시코빵으로 기름 없이 구워 담백하고 칼로리도 적다.

바게트 베이글로 만든 샌드위치

명란 감자 샐러드 샌드위치

재료 · 분량

- 바게트 베이글
- 명란마요 적당량
- 으깬 감자 1개
- 다진 당근 적당량
- 다진 피클 적당량
- 슬라이스햄 1장
- 설탕 적당량
- 소금 적당량
- 후추 적당량
- 마요네즈 적당량

만드는 과정

1 바게트 베이글을 반으로 자르고 안쪽 면에 명란마요를 바른다.

2 으깬 감자, 다진 당근, 피클, 슬라이스 햄에 설탕, 소금, 후추로 간하고 마요네즈를 넣어 골고루 섞어준다.

3 ①에 ②를 올리고 바게트 베이글을 덮는다.

바게트 베이글 만들기

재료

강력분 1000g 설탕 40g 소금 20g 개량제 10g 드라이 이스트 15g
계란 70g 물 550g 르방 200g 흰깨 30g 검은깨 30g

만드는 법

1 전 재료를 넣어 저속 2분, 중속 10분으로 믹싱한다.
2 실온(온도 27℃ / 습도70%)에서 50분간 1차 발효 후 140g으로 분할한다.
(가볍게 말아서 분할)
3 30분 정도 중간 발효를 거쳐 22cm 정도 크기의 바게트 모양으로 성형한다.
4 바게트틀에 팬닝 후 온도 35℃ / 습도 75%에서 50분간 2차 발효시킨다.
5 최종 발효된 반죽의 표면이 조금 마른 후 사선으로 3번 정도 칼집을 낸 후 컨벡션오븐 230℃에서 스팀을 주고 25분간 굽는다.
6 구운 바게트 위에 갈릭 소스를 적당히 바른 후 건파슬리 가루를 적당히 뿌린다.

미니 크로와상으로 만든 샌드위치

CHAPTER 3 SANDWICH
다양한 빵을 이용한 샌드위치

미니 크로와상 샌드위치

재료 · 분량

- 미니 크로와상 3개
- 마요네즈 적당량
- 슬라이스 치즈 1장
- 본네스햄 3장
- 치커리 적당량
- 토마토 1개
- 슬라이스 피클 6개
- 적겨자 1장
- 홀그레인 소스 적당량
- 삶은 계란 1개

만드는 과정

1 미니 크로와상을 반으로 자르고 안쪽 면에 마요네즈를 바른다.

2 ①에 슬라이스 치즈 1/2장, 본네스햄 1장, 치커리, 슬라이스 토마토 1/2개, 슬라이스 피클 2개를 올린다.

3 다른 미니 크로와상에는 본네스햄 1장, 적겨자, 홀그레인 소스로 간한 계란속을 올리고 슬라이스 토마토 1/2개, 슬라이스 피클 2개를 올린다.

미니 크로와상 만들기

재료

강력분 800g 박력분 200g 설탕 100g 소금 25g 버터 70g 트리몰린 30g
S-500(개량제) 10g 드라이 이스트 20g 계란 2개 우유 430g
르방(기계종) 200g 파이버터 600g

만드는 법

1 롤인버터를 제외한 모든 재료를 넣고 저속으로 10분간 믹싱한다.
2 믹싱 중 5분 정도 되었을 때 재료가 균일하게 섞여있는지 확인하고, 다시 믹싱 5분 후 반죽이 매끄러우며 글루텐이 잘 형성되었을 때 반죽을 마무리한다. (반죽온도 22℃)
3 실온(온도 25℃ / 습도 70%)에서 30분간 발효시킨다.
4 반죽을 작업대에 올리고 밀대로 균일하게 밀어 가스를 정리한 후 냉동실에 1시간 30분 둔다.
5 휴지된 반죽을 롤인버터를 넣어서 3절 3회 접기를 한다.
※접기 후 비닐을 씌워서 냉동 휴지를 10~20분씩 식혀가면서 접기 작업을 실시한다.
6 반죽을 3~4mm 두께로 작업한 후 필요한 무게나 크기에 따라 각기 다른 폭이나 길이를 정해서 작업한다.
7 성형한 반죽을 실온이나 저온에서 2차 발효 후 노른자를 발라 예열된 컨백션 오븐(210℃)에서 12분간 굽는다.

크로와상

초승달모양으로 만든 작은 빵으로 버터를 듬뿍 넣고 살짝 구워 만든 빵
크로와상은 버터가 겹겹이 들어가 겉은 바삭하고 속은 결이 살아있는 부드러운 프랑스빵이다

햄버거빵으로 만든 샌드위치

CHAPTER 3 SANDWICH
다양한 빵을 이용한 샌드위치

칠리 새싹 버거

재료 · 분량

- 햄버거빵
- 버터 적당량
- 허니 소스 적당량
- 적겨자 1장
- 슬라이스 토마토 2개
- 새싹채소 적당량
- 패티 1개
- 슬라이스 치즈 1개
- 칠리 소스 적당량

만드는 과정

1 햄버거빵을 반으로 자르고 버터를 발라 굽는다.

2 ①에 허니 소스를 바르고 적겨자를 깔고 슬라이스 토마토를 올린다.

3 ②에 새싹을 수북히 올리고 ＊패티를 올린다.

4 ③에 슬라이스 치즈를 올리고 ＊칠리 소스를 부어준다.

● **칠리소스 만들기**
칠리 소스 70g, 타바스코 3g, 양파, 청피망

적당량의 양파와 청피망은 1:1 비율로 깍둑썰기하여 볶아서 불을 끈 뒤 칠리 소스와 타바스코 소스를 넣어 골고루 섞어준다.

● **패티 만들기**
소고기 70g, 돼지고기 170g, 양파 70g, 양송이 35g, 빵가루 70g, 계란, 대파, 마늘, 미림, 소금, 후추

1 다진 양파, 양송이, 대파, 마늘은 소금, 후추 간하여 볶는다.
2 ①에 소고기, 돼지고기를 넣고 미림, 소금, 후추, 계란, 빵가루를 넣어 섞어준다.
3 120g 정도 양을 둥글게 만들어 180℃ 오븐에서 앞 뒤로 14분 굽는다.

햄버거빵 만들기

재료
강력분 955g 설탕 200g 소금 15g 분유 30g 드라이 이스트 20g
계란 5개 르방(기계종) 100g 버터 150g 검은깨, 흰깨 소량

만드는 법
1 버터를 제외한 모든 재료를 넣고 저속 2분으로 믹싱한다.
2 버터를 넣고 14분간 중속으로 믹싱 후 마무리한다.
※신장성과 탄력성을 최상의 상태로 마무리한다. (반죽온도 26℃)
3 실온(온도 27℃ / 습도 70%)에서 40분간 1차 발효시킨 후 100g으로 분할해 둥글리기한다.
4 30분간 냉장 휴지시킨 후 밀대로 밀어 가스를 빼고, 햄버거 크기로 철판에 맞게 성형한다.
5 성형한 반죽에 계란물칠을 하고, 윗면에 검은깨, 흰깨를 소량 찍어 햄버거형 철판에 팬닝한다.
6 발효실(온도 38℃ / 습도 75%)에서 30분간 발효시킨 후 예열된 오븐 190℃/170℃에서 12분간 굽는다.

CHAPTER 4
PIZZA

다양한 재료로 만든 피자

신선하고 다양한 재료를 사용해 만들어
여러가지 맛을 느낄 수 있는 맛있는 피자

고르곤졸라 피자

재료 · 분량

- 페스츄리 도우
- 고르곤졸라치즈 소스 적당량
- 피자치즈 적당량
- 체다치즈 적당량
- 슬라이스 아몬드 적당량
- 호두 적당량
- 파슬리 적당량

만드는 과정

1. 페스츄리 도우를 준비한다.

2. ①에 *고르곤졸라치즈 소스를 펴 바른다.

3. ②에 피자치즈와 체다치즈를 5 : 1로 올린다.

4. ③에 슬라이스 아몬드, 호두를 뿌린다.

5. 피자오븐 280~290℃에서 3분 정도 굽는다.

6. 먹기 편하게 자르고 파슬리를 뿌려 마무리한다.

● **고르곤졸라치즈 소스 만들기**
생크림(500g), 고르곤졸라치즈(200g)를 믹스한다.

CHAPTER 4 PIZZA
다양한 재료로 만든 피자

마르게리타 피자

재료 · 분량

- 페스츄리 도우
- 토마토 쿨리소스 적당량
- 피자치즈 적당량
- 작은 토마토 1개
- 생모짜렐라 치즈 적당량
- 야채 (양상추, 로메인, 적겨자, 라디치오, 루꼴라) 적당량
- 유자 드레싱 적당량
- 발사믹 소스 적당량
- 에멘탈 가는 쉬레드 치즈 적당량

만드는 과정

1 페스츄리 도우를 준비한다.

2 ①에 *토마토 쿨리소스를 펴 바른다.

3 ②에 피자치즈를 골고루 올린다.

4 ③에 반달 모양으로 자른 토마토를
8곳에 나눠 올리고 그 위에 생모짜렐라 치즈를 올린다.

5 피자오븐 280~290℃에서 4분 정도 굽는다.

6 먹기 편하게 자른다.

7 준비한 야채에 유자 드레싱을 넣고 골고루 섞은 후
⑥에 올린다.

8 ⑦에 발사믹 소스를 뿌리고
에멘탈 가는 쉬레드 치즈로 마무리한다.

● 토마토 쿨리 소스 만들기

오레가노 3g, 마른 바질 3g, 마늘찹 60g, 월계수잎 3장,
설탕 30g, 소금 15g에 쿨리 소스를 넣고 끓인다.

CHAPTER 4 PIZZA
다양한 재료로 만든 피자

루꼴라 피자

재료 · 분량

- 페스츄리 도우
- 블랙 올리브오일 적당량
- 피자치즈 적당량
- 루꼴라 적당량
- 방울토마토 4개
- 유자 드레싱 적당량
- 발사믹 소스 적당량
- 에맨탈 가는 쉬레드 치즈 적당량

만드는 과정

1 페스츄리 도우를 준비한다.

2 ①에 *블랙 올리브오일을 펴 바른다.

3 ②에 피자치즈를 올린다.

4 피자오븐 280~290℃에서 3분 정도 굽는다.

5 먹기 편하게 자르고 루꼴라와 방울토마토를 잘라 유자 드레싱으로 버무린다.

6 ⑤에 발사믹 소스를 뿌리고 에맨탈 가는 쉬레드 치즈로 마무리한다.

● 블랙 올리브오일 만들기
블랙올리브 1 : 올리브오일 1을 믹서기에 넣고 간다.

CHAPTER 4 PIZZA
다양한 재료로 만든 피자

시금치 피자

재료 · 분량

- 페스츄리 도우
- 요거트 소스 적당량
- 다진 양파 적당량
- 피자치즈 적당량
- 시금치 적당량
- 방울토마토 4개
- 베이컨 2장
- 발사믹 소스 적당량
- 에멘탈 가는 쉬레드 치즈 적당량

만드는 과정

1 페스츄리 도우를 준비한다.

2 ①에 *요거트 소스를 펴 바른다.

3 ②에 잘게 다진 양파, 피자치즈를 올린다.

4 피자오븐 280~290℃에서 3분 정도 굽는다.

5 먹기 편하게 자른 다음 시금치와 방울토마토를 잘라서 올린다.

6 베이컨을 구워 작게 자른 후 ⑤에 올린다.

7 ⑥에 발사믹 소스를 뿌리고
에멘탈 가는 쉬레드 치즈로 마무리한다.

● 요거트 소스 만들기

플레인요거트 10 : 설탕 1 : 레몬주스 0.8에
소금, 후추로 간해서 섞어준다.

CHAPTER 4 PIZZA
다양한 재료로 만든 피자

직화 스테이크 피자

재료 · 분량

- 허브피자 도우
- 토마토 소스 적당량
- 체다치즈 적당량
- 피자치즈 적당량
- 직화 스테이크 고기 적당량
- 야채(양상추, 라디치오, 로메인, 적겨자) 적당량
- 오리엔탈 소스 적당량
- 에멘탈 가는 쉬레드 치즈 적당량

만드는 과정

1 허브피자 도우를 동그랗게 밀어 준비한다.

2 ①에 토마토 소스를 펴 바른다.

3 ②에 피자치즈와 체다치즈를 5 : 1로 올린다.

4 ③에 스테이크를 골고루 올린다.

5 피자오븐 280~290℃에서 5분 정도 굽는다.

6 먹기 편하게 자른다.

7 준비한 야채에 *오리엔탈 소스를 넣고 골고루 섞은 후 ⑥에 올린다

8 ⑦에 에멘탈 가는 쉬레드 치즈로 마무리한다.

● **오리엔탈 소스 만들기**

간장 100g, 올리브유 100g, 식초66g, 설탕 33g, 마늘 17g, 레몬시럽 33g에 통후추를 넣고 골고루 섞어준다.

CHAPTER 4 PIZZA
다양한 재료로 만든 피자

쉬림프 피자

재료 · 분량

- 허브피자 도우
- 토마토 소스 적당량
- 체다치즈 적당량
- 피자치즈 적당량
- 흰다리새우 12개
- 버터 적당량
- 칠리소스 적당량
- 양송이 통조림 적당량
- 청피망 1개
- 고구마 무스 적당량
- 파슬리 적당량

만드는 과정

1 허브피자 도우를 동그랗게 밀어 준비한다.

2 ①에 토마토 소스를 펴 바른다.

3 ②에 피자치즈와 체다치즈를 5 : 1로 올린다.

4 버터, 흰다리새우에 후추로 간하고 볶다가 칠리 소스를 넣고 골고루 섞어준다.

5 ③에 ④를 올리고 양송이 통조림을 여러 곳에 올린다.

6 ⑤에 슬라이스한 청피망을 올리고 도우 테두리에 고구마 무스를 짜준다.

7 피자오븐 280°C~290°C에서 5분 정도 굽는다.

8 먹기 편하게 자르고 파슬리를 뿌려 마무리한다.

박용호 쉐프의
밥보다 샌드위치
47가지 레시피

초판 1쇄 발행   2021년 6월 22일

저자	박용호
펴낸이	장용희
펴낸곳	이프애드
주소	서울시 중구 을지로3가 315-4
전화	02)2277-6870
등록	제301-2010-073호
사진	SALT
디자인	이프애드
출력	서영씨앤피
인쇄	서영씨앤피

값 15,000원

잘못된 책은 바꾸어 드립니다.
이책은 저작권법에 의해 보호받는 저작물이므로
이책에 실린 사진이나 내용의 무단 전재나 복제를 금합니다.

ISBN 978-89-98572-57-0 13590